AF563174

NOTICE

SUR

LE SIÉGE DE GRANVILLE

PAR LES VENDÉENS

(14, 15 ET 16 NOVEMBRE 1793),

PAR M. L. QUÉNAULT,

MEMBRE CORRESPONDANT DE L'ACADÉMIE DE CAEN.

L'armée vendéenne, battue à Cholet, avait été obligée de quitter son pays, ruiné par ordre de la Convention, où elle ne pouvait plus vivre. Accompagnée de femmes, d'enfants, elle ressemblait à une peuplade barbare marchant à la recherche d'une patrie. Elle était parvenue à passer la Loire à Varades. L'incapacité du général en chef l'Échelle, qui, pour toute instruction avait intimé à son armée l'ordre de s'avancer majestueusement et en masse, qui avait lâché pied le premier et rendu ainsi inutiles le courage et l'intelligence de Kléber, Westerman et Savary, avait donné à cette armée fugitive des succès sur lesquels elle ne comptait pas, à Laval, à Entrames et à Craon. Ces victoires lui amenèrent des recrues parmi les Bretons. Elle s'était réorganisée à Laval et ne devait pas rencontrer d'obstacles devant elle. Les chefs hésitèrent entre ces deux partis : tenir la campagne en Bretagne où ils auraient pour eux sympathies et secours de la population, ou atteindre un port voisin des possessions anglaises, d'où l'on pourrait tirer des vivres et des renforts. Ils étaient depuis longtemps en correspondance avec les gouverneurs de Jersey et de Guernesey, qui préparaient contre la France une expédition combinée avec les Vendéens. On devait faire débarquer sur les côtes de France un corps d'armée composé d'Anglais et d'émigrés.

Les chefs vendéens cédèrent aux propositions des gouverneurs anglais, qui ne les réalisèrent pas.

Une correspondance saisie sur un chef de Vendéens vient mettre en lumière les projets arrêtés entre les Vendéens et les Anglais dans cette circonstance. Il en résulte qu'un corps d'armée composé d'émigrés et d'Anglais devait débarquer à Granville sous la protection qui serait donnée à ce débarquement par l'armée vendéenne; que des signaux avaient été convenus entre les chefs des deux troupes; que, quand même le corps d'armée anglais n'aurait pas débarqué, on aurait envoyé, au premier coup de canon qui serait entendu des îles, des renforts et des pièces de siége aux Vendéens, qui en manquaient pour attaquer la place.

Cette correspondance établit que les Vendéens et leurs agents, enorgueillis par leurs derniers succès, avaient une grande confiance dans la nouvelle campagne qu'ils entreprenaient. La Normandie était alors à peu près soulevée par les Girondins qui n'avaient pas été incarcérés. Cette campagne pouvait être funeste au Comité de salut public.

Passons maintenant du côté des républicains. L'Échelle, à la suite de son inqualifiable conduite, avait été suspendu de ses fonctions; mais, se faisant justice à lui-même, il avait donné sa démission. Aussi méchant que lâche, il avait dénoncé l'armée de Mayence et attribué à cette bonne troupe une défaite qui n'était due qu'à son incapacité et à sa pusillanimité. Cette dénonciation fut accueillie par le Comité de salut public, qui ordonna la dissolution de cette armée et sa répartition dans les autres corps destinés à agir contre les Vendéens. Cette mauvaise mesure ajouta encore à la désorganisation causée par la défaite de Laval.

On ne pouvait donc compter que sur les corps détachés en Normandie pour arrêter les Vendéens dans la marche qu'ils entreprenaient vers cette province.

Les premières nouvelles inquiétantes pour les républicains qui parvinrent dans le département de la Manche furent envoyées par Garnier, représentant du peuple à son collègue, Le Carpentier, alors à Valognes. Voici ce qu'il lui écrivait d'Avranches le 9 brumaire an II : « Les choses ne prennent pas la tournure que je désirerais, mon ami; il n'est que trop vrai que nous avons été battus à Craon. Dans ce moment on me demande à la hâte des secours pour Rennes..... »

De son côté, Le Carpentier avait écrit le 14 brumaire au comité de salut public: « Toutes les dépêches que je reçois ce matin ajoutent des nouvelles plus alarmantes à celles qui m'ont été transmises hier. Letourneur m'écrit que l'ennemi est à Mayenne, que les bataillons de réquisition ont pris la fuite, et que sur dix mille hommes il ne lui en reste pas deux mille. Il me communique une lettre de Thirion qui n'est pas plus rassurante. D'un autre côté, l'administration du département de la Manche me transmet diverses lettres, tant de ses commissaires que des administrateurs du district d'Avranches, desquelles il résulte que l'ennemi s'est emparé de Domfront. En outre, le commissaire du département qui est venu m'apporter ces dernières dépêches m'a dit que le bataillon de la Côte-d'Or et le 19e régiment de chasseurs, envoyés contre l'ennemi sans avoir été soutenus par d'autres bataillons, avaient été battus, et que les hussards avaient été fort maltraités, etc.

« Il n'était que trop vrai : ces deux bataillons et en outre le 8e du Calvados avec celui de la Réunion, les canonniers du Contrat-Social et plusieurs détachements des gardes nationales du pays avaient été mis en déroute complète à Ernée et à Fougères, où ils avaient été envoyés partiellement. La plupart des pièces de campagne, pour ne pas dire toutes, étaient tombées au pouvoir des brigands; beaucoup d'hommes étaient restés sur le champ de bataille ou avaient été faits prisonniers, et ceux qui avaient échappé ajoutaient le désordre au malheur en criant : Trahison! Dans un instant la petite armée d'Avranches qui, dirigée avec l'ensemble convenable, devait opposer une barrière puissante à l'ennemi, se trouva annulée, tant par la perte qu'elle venait d'éprouver que par la terreur qui en était la suite; et dès lors le département de la Manche fut ouvert aux hordes de la Vendée.

« Mon collègue Garnier se trouvait à Rennes, ainsi que je l'ai annoncé auparavant : le général de brigade Peyre l'avait accompagné; l'adjudant général qui commandait à Fougères était allé ailleurs après la déroute, de sorte qu'il n'y avait plus ni bataillons ni chefs. Que l'on ajoute à cette débandade le défaut de secours de la part des troupes qui étaient dans le Calvados; l'ignorance où j'étais de la position des armées de l'Ouest et des côtes de Brest, dont je n'avais reçu aucunes nouvelles; mon isolement à l'extrémité du département pour la défense de la presqu'île; le besoin et le manque d'officiers généraux; la stupeur publique, premier et inévitable effet de circonstances aussi alarmantes, et l'on pourra se faire une idée de ma position dans cet abandon général.

« Les brigands de la Vendée ne sont point une horde expirante ou fugitive, comme on nous l'avait dit après le passage de la Loire, mais une armée de plus en plus redoutable, qui multiplie ses envahissements et nos revers; il est dès lors fortement présumable qu'en s'approchant de Granville ils ont pour but de s'emparer d'un port de mer pour y attendre les Anglais, avec lesquels ils ont sans doute entretenu des intelligences; qu'ainsi Granville, bientôt investi, ne pourra résister sans de prompts secours. Ce port une fois pris, Cherbourg attaqué par terre ne pourra à son tour opposer que d'inutiles efforts; de là des maux peut-être irréparables pour la République. »

Les appréciations de Le Carpentier étaient, comme on l'a vu, parfaitement exactes. L'armée royaliste ne cherchait pas un port pour s'enfuir, mais pour y établir ses communications avec l'Angleterre, y débarquer des vivres, des renforts; en faire, en un mot, le point de départ d'une expédition formidable contre la Convention, fort déconcertée en ce moment par les derniers succès des Vendéens en Bretagne et embarrassée par l'insurrection girondine.

Voici en quels termes il rendait compte à la Convention des mesures qu'il prit dans ces graves circonstances :

« J'ai donné des ordres pour le départ de ce qui reste de troupes disponibles à Cherbourg et à la Hougue.

« Le 31e régiment, le 6e bataillon de la Somme et le 6e de la Manche, avec leur artillerie, la compagnie des chasseurs d'Évreux, les deux compagnies des canonniers des Tuileries et de la Croix-Rouge; en outre les canonniers de la garde nationale de Valognes et le bataillon du premier contingent du district de Carentan et quatre compagnies de supplément, accompagnés d'un détachement de hussards et de gendarmerie, et formant ensemble un corps de près de 4,000 hommes avec 15 pièces de canon, furent successivement et rapidement dirigés sur Coutances, où je devais aller les rejoindre, pour me jeter avec eux dans Granville.

« Après avoir pourvu au prompt remplacement de quelques-uns de ces bataillons et fait avec célérité les dispositions nécessaires pour hâter l'organisation de la première réquisition; après avoir informé le Comité de salut public, le ministre de la guerre et mes collègues de toutes ces mesures, et avoir demandé de nouveau des secours en hommes et en armes pour la plus grande sûreté de la presqu'île, je partis aussitôt pour rejoindre le corps de troupes que j'avais à conduire, à défaut de général.

« Quel beau spectacle vint alors s'offrir à mes regards! A l'aspect du péril, un mouvement sublime venait d'agiter le département de la Manche : administrateurs, hommes et femmes, vieillards et enfants, tous étaient debout, tous étaient disposés à combattre, sinon avec les mêmes forces, du moins avec la même énergie. On était prêt à disputer le terrain pied à pied; la Vendée devait avoir un cadavre à fouler à chaque pas qu'elle eût osé faire. En un instant les paisibles campagnes avaient pris l'aspect d'un camp général : les instruments nourriciers s'étaient transformés en armes meurtrières; les agriculteurs étaient devenus soldats; les officiers municipaux paraissaient des officiers militaires; les grands chemins servaient de point de rassemblement et les munitions suivaient comme s'il y eût eu une administration des subsistances. Ce n'était qu'une colonne depuis Mère-Libre[1] jusqu'à Coutances, c'est-à-dire sur un espace de huit lieues.... Tel est l'effet du tocsin de la liberté quand il résonne dans les âmes républicaines, que tout s'éveille, s'arme et se précipite à sa défense.

« J'arrivai à Coutances au milieu de cette nombreuse armée; mais la difficulté d'organiser une si grande quantité d'hommes et de diriger leurs mouvements sans officiers généraux, et la présence de l'ennemi du côté de Fougères, avaient déterminé le départe-

[1] Sainte-Mère-Église.

ment à faire rétrograder ces braves républicains, en les avertissant de se tenir prêts au premier signal. Je confirmai moi-même cet ordre, et tous s'en allèrent en désirant la prompte occasion de revenir.

« J'eus aussitôt une conférence avec l'administration du département et les autres corps constitués, que je trouvai dans les dispositions les plus analogues aux circonstances : zèle, prudence, activité, dévouement, rien ne manquait à leurs soins, à leurs sentiments ni à leur attitude.

« Nous concertâmes ensemble diverses mesures additionnelles; nous établîmes des communications et envoyâmes des éclaireurs. Je ramassai promptement la cavalerie dont j'avais ordonné la formation dans les trois districts de Carentan, Valognes et Cherbourg, et je donnai des ordres pour préparer à tout événement les moyens de défense dont était susceptible le poste de Saint-Côme, clef de la presqu'île du Cotentin.

« Enfin, ne voyant point arriver d'officiers généraux, je nommai des hommes sûrs, entre autres l'inspecteur général des côtes et le commandant temporaire de Valognes, pour veiller provisoirement à l'organisation et au commandement des troupes, et ne laissant plus aucun soin en arrière, j'allai prendre mon poste à Granville.

« Arrivé dans cette place, j'y trouvai, pour tout supplément, les débris du corps de troupes qui avait été battu à Fougères; j'en composai un bataillon provisoire qui se montait à 580 hommes, dont je donnai le commandement au capitaine des grenadiers de la Côte-d'Or. Il serait difficile de se figurer le dénûment et le découragement de ces soldats, après une défaite qu'ils attribuaient hautement à la perfidie, et dans laquelle ils avaient perdu la plus grande partie de leurs bagages; mais on sentira ce que de pareilles impressions devaient avoir de dangereux dans une place déclarée en état de siége et dont la presque totalité de la garnison n'avait pas encore vu le feu. Dès lors j'eus à me tenir en garde non-seulement contre l'ennemi, mais encore contre la défiance et la terreur. Une proclamation fut publiée pour prévenir ces funestes inconvénients.

« Je ne détaillerai point ici les différentes mesures que j'eus à prendre pour organiser le service général de la place et pour tirer le meilleur parti possible de ses moyens défensifs; j'observerai seulement, quant à l'état où je trouvai les fortifications, que Granville ne pouvait être considéré que comme un poste, à proprement parler, et que, sous ce rapport même, il lui manquait beaucoup de travaux d'addition auxquels il était indispensable de pourvoir sur-le-champ.

« Tous les premiers moments furent employés tant à ce travail qu'aux autres dispositions conformes à la circonstance. Occupé de tout, je rendais compte au Comité de salut public de ce qu'il y avait de fait et de ce qui restait à faire, en l'engageant de plus en plus à donner les ordres nécessaires pour couvrir par des troupes disponibles la presqu'île du Cotentin, tandis que je gardais Granville avec ce que j'avais pu recueillir de forces.

« Cependant l'ennemi, après avoir stationné à Fougères, s'était remis en mouvement. La colonne de Sepher, à la tête de laquelle était mon collègue Laplanche, était partie de Caen pour se porter sur Vire, et je n'avais encore reçu aucune nouvelle de la marche des armées de l'Ouest et des côtes de Brest.

« La lettre suivante me fut remise de la part de mon collègue Garnier, qui me l'avait envoyée à Valognes, où il me croyait encore. Elle est datée de Rennes du 18 brumaire :

« La marche de l'ennemi, mon cher Carpentier, rend notre « réunion plus que difficile; et, sentant la nécessité de remplir les « vues du Comité de salut public, il faut que tu restes dans le dé- « partement de la Manche, puisque tu t'y trouves; et moi qui vois « que Rennes n'est pas menacé, du moins pour le moment, je vais « passer dans la Sarthe et l'Orne où je ferai en sorte de te procurer, « avec le même zèle, les secours que tu t'es constamment empressé « de me fournir en proportion de tes moyens. »

« Enfin je sus que nos deux armées existaient encore et qu'elles devaient agir avec ensemble et célérité. Mais de cette connaissance même il résultait des conjectures inquiétantes : c'est que les brigands, serrés par nos armées et trouvant Granville en état de défense, pouvaient, en se rabattant, faire une trouée dans le département de la Manche par Villedieu, ou dans le Calvados par

Mortain. Je transmis aussitôt ces renseignements à mon collègue Laplanche, afin qu'il se tînt en mesure avec sa colonne d'environ 6,000 hommes; de mon côté, j'ordonnai la levée des citoyens du département de la Manche depuis vingt-cinq ans jusqu'à trente, en attendant la levée en masse au besoin; et comme les fausses nouvelles se propageaient de plus en plus à Granville, où l'on avait annoncé déjà la prise d'Avranches, je fis publier une seconde proclamation qui, entre autres dispositions, portait la peine de mort contre tout alarmiste.

« Mais si, ne connaissant pas encore le véritable état des forces des Vendéens brigands, nous faisions des dispositions pour distribuer nos forces de manière à leur couper le chemin, dans l'attente de nos armées l'ennemi, précédé par la terreur, franchissant les abatis et tous les obstacles qui avaient été semés sur sa route, s'avançait à grands pas sur Avranches, dont la garnison n'était composée que de troupes de réquisition, et la nouvelle de la prise de cette ville nous fut annoncée au moment où les troupes de renfort entraient en marche pour aller à sa défense.

« Les troupes rentrées dans Granville, les portes en furent fermées aux pelotons épars de la garnison d'Avranches qui, revenus la plupart sans armes, nous auraient plutôt incommodés que servis; ils eurent ordre de se replier sur Coutances, où devaient les rejoindre ceux des contingents de Granville qui n'avaient pu être armés encore, afin d'éviter une consommation inutile.

« Mais les brigands, qui avaient résolu de s'emparer au plus tôt d'un port de mer, ne songèrent pas, comme nous l'avions craint en dernier lieu, à faire la trouée que nous devions leur disputer avec deux colonnes de la Manche et du Calvados. Les nouvelles qui nous arrivaient nous firent assez connaître que Granville allait être attaqué sur-le-champ.

« En effet, dès le 24 au matin, nous fûmes avertis qu'une colonne de rebelles marchait sur cette place. Aussitôt une partie de la garnison sortit pour en défendre l'approche. J'accompagnai les troupes avec le général Peyre, le chef du génie Aublier, l'inspecteur général Varin, le chef de l'état-major Coffy et plusieurs autres braves officiers. Le commandant Régnier était resté dans la place avec l'autre partie de la garnison, d'où il observait les mouvements de l'ennemi et les nôtres. Notre division, d'environ 2,000 hommes, soutenue par des pièces de canon et protégée par les hussards et les gendarmes, fut postée en majeure partie sur les routes de Villedieu et d'Avranches, par où l'ennemi pouvait arriver également; un corps de réserve se tint, avec deux pièces de canon, à l'embranchement des deux routes, afin de protéger au besoin la retraite de chaque côté; et un autre corps de troupes fut envoyé à droite pour occuper la grève.

« Cependant l'adjudant général Vachot, qui s'était avancé sur la route d'Avranches avec le détachement d'avant-garde, se trouva vigoureusement attaqué par le gros des rebelles. La défense fut aussi soutenue qu'elle pouvait l'être; mais, s'apercevant qu'il allait être tourné, il prit le parti de se replier sur le corps de réserve. Le détachement posté sur la route de Villedieu fit le même mouvement, et le passage allait être disputé à l'ennemi avec avantage lorsqu'il nous fut annoncé que sa cavalerie, qui s'était détournée par la grève, avait fait rétrograder le détachement de ce côté et s'avançait à grands pas pour nous prendre en arrière. Dans cette position, l'ordre fut donné de rentrer dans la ville; la retraite se fit sans aucun inconvénient, sous le feu des remparts qui se dirigeait déjà sur l'ennemi. Aussitôt après notre rentrée, les troupes furent réparties sur l'isthme, sur l'esplanade et le long des remparts, de sorte que tous les points furent gardés au même instant. »

Arrivés aux portes de Granville, les Vendéens investirent la ville et envoyèrent au commandant et aux officiers municipaux les sommations suivantes :

Copie de la sommation faite au commandant de Granville par les généraux de l'armée catholique et royale.

« Monsieur,

« Jaloux d'épargner, autant qu'il est en nous, le sang français, nous vous sommons, au nom de Sa Majesté Très-Chrétienne Louis XVII, roi de France et de Navarre, votre unique et légitime souverain, de rendre la ville et le port de Granville que vous défendez, et de les livrer aux généraux de Sa Majesté pour en être pris possession par eux en son nom. A ce prix, nous nous obligeons, sur l'honneur, à vous traiter, vous, Monsieur, vos officiers et vos soldats qui composent votre garnison, avec tous les égards convenables et sous les simples conditions que la franchise et la loyauté des officiers de Sa Majesté leur ont permis jusqu'ici d'employer. A cet égard, nous vous faisons passer des proclamations propres à vous convaincre de l'esprit de douceur et de loyauté qui caractérisent les fiers, mais sensibles, mais généreux ennemis de la Vendée.

« Nous vous donnons avis au contraire que si, dans une heure précise, nous n'avons pas une réponse favorable de votre part, nous allons bombarder la ville et peut-être la réduire en cendres, et qu'alors vous deviendrez personnellement responsable, avec les officiers de votre garnison, des immenses ravages que doit causer aux malheureux habitants de Granville un genre d'attaque que votre opiniâtreté seule aura rendu nécessaire.

« Nous sommes, Monsieur, vos obéissants serviteurs.

« Signé : DE LA ROCHEJACQUELEIN, STOFFLET, le chevalier DESESSARTS, PIRON, DEHARGUE, le chevalier DE BEAUVOLLIER, le chevalier DE VILLENEUVE, DAUTICHAMP.

« Le 14 novembre 1793, à midi et demi. »

Copie de la sommation faite aux officiers municipaux de Granville par les généraux de l'armée catholique et royale.

« MESSIEURS,

« Les généraux et commandants de l'armée catholique et royale, préférant, comme ils l'ont prouvé dans tous les temps, la conquête des cœurs à celle des villes et des forts les plus redoutables; n'ayant, en raison des motifs purs et sacrés qui les animent, d'autre but que d'assurer par la clémence les fondements d'un trône que la plupart d'entre vous gémissent de voir si indignement renversé; prêts à toujours distinguer le simple égarement du crime; accoutumés à retrouver dans le repentir du moment le pardon et l'oubli du passé, et ne croyant jamais avoir poussé trop loin la loyauté de leurs principes et de leur conduite à cet égard, vous proposent d'épargner le sang français, si cher à leurs cœurs; ils vous proposent d'ouvrir les portes de votre ville sans coup férir.

« Un peuple d'amis entrera dans vos murs avec le rameau d'olivier pour y faire régner, à l'ombre de l'autorité royale, l'ordre, la paix et le bonheur que vos tyrans vous ont si souvent promis, mais en vain. A ce prix il vous est facile de sauver de tout danger et de tout dommage vos vies et vos propriétés, auxquelles nous jurons, sur notre honneur, le respect le plus inviolable et le plus sacré. C'est alors que nous éteindrons dans des embrassements mutuels tout souvenir du passé; c'est alors que des acclamations réciproques couvriront le moindre murmure qui pourrait s'élever du fond des cœurs. Sinon, Messieurs, un fer vengeur arme nos bras. Libres de nous avoir pour amis ou ennemis, choisissez. Autant pour le bien de l'humanité nous désirons en vous l'un de ces titres, aussi peu nous redoutons l'autre. Si vous préférez le dernier parti, songez que les indomptables habitants de la Vendée, vainqueurs et destructeurs des garnisons de Valenciennes et de Mayence, sont à vos portes, et qu'ils vont les ouvrir par le fer et par le feu. Quelle que soit votre décision, sachez que tous nos prisonniers, otages de ceux qui vous parviennent, répondent sur leurs têtes du retour de leurs camarades, et qu'en conséquence, si, dans une heure précise, nous n'avons pas reçu de vous une réponse, le canon vous annoncera que ces mêmes prisonniers ne seront plus; car, quelles que soient vos intentions, nous vous demandons de nous les faire connaître, sans craindre que le refus d'accéder à nos propositions nuise en rien à la sûreté de ceux qui nous l'auront transmis.

« Nous avons l'honneur d'être, Messieurs, vos très-humbles et obéissants serviteurs.

« Signé : De la Rochejacquelein, Stofflet, le chevalier Desessarts, Piron, Dehargue, le chevalier de Beauvollier, le chevalier de Villeneuve et Dautichamp. »

Les chefs militaires et les officiers municipaux n'ayant pas répondu à ces sommations, les Vendéens se disposèrent à attaquer la ville de vive force, comptant la prendre par un coup de main. Ce fut une faute qui entraîna la ruine de leur armée.

Granville, sans être à cette époque une place très-forte, avait des remparts garnis de grosses pièces de siége; les ouvrages de défense délabrés avaient été réparés. Elle ne pouvait être prise, si la garnison et les habitants se défendaient, qu'après un siége régulier. Les Vendéens avaient bien des pièces de campagne, mais ils manquaient de pièces d'un calibre suffisant pour battre en brèche les murailles de la ville.

L'entreprise qu'ils tentèrent eût été un acte de folie s'ils n'avaient pas compté sur une attaque des Anglais par mer et sur le débarquement d'une armée possédant des pièces de gros calibre. Ils devaient penser que le bruit du canon attirerait sur Granville la flotte qui devait stationner à Jersey ou croiser dans ses parages. Ils devaient au moins espérer que, si toute la flotte ne venait pas à leur secours, on leur enverrait des renforts, des mortiers et des pièces de gros calibre. Aucune de ces prévisions ne se réalisa.

La population de Granville n'était pas républicaine; mais, composée en grande partie de matelots, elle avait la haine de l'Anglais, et elle était naturellement portée à repousser des Français alliés avec les ennemis de la patrie. Cette population a aussi l'amour et l'honneur du clocher. Elle se disposa à une vigoureuse résistance : femmes et enfants secondèrent les combattants avec un courage qui rappelait les temps antiques. Les Granvillais ont mérité alors cette belle devise d'une ville du Midi : *Cives et semper cives.* Ils en sont encore dignes par les sentiments patriotiques qui les animent.

L'armée royaliste, pour battre la ville en brèche, établit des batteries sur le vieux fort Gauthier, qui avait été abandonné et démantelé par les assiégés comme n'étant pas capable de résister du côté de la terre. Elle riposta au feu que les assiégés avaient ouvert contre elle pour toute réponse aux sommations des chefs vendéens. Elles furent remises le 14 novembre à midi et demi, et le feu commença immédiatement.

« Les batteries de l'ennemi, dit Le Carpentier dans son rapport à la Convention, placées sur les restes du fort Gauthier et ailleurs, avaient aussitôt répondu aux nôtres; sa cavalerie occupait le haut du faubourg de Saint-Nicolas (sur la route d'Avranches), et son infanterie s'était jetée rapidement dans les maisons de la rue des Juifs, placée immédiatement sous les remparts. C'est de là qu'à travers les lucarnes et les toits un nombre infini de tirailleurs faisaient pleuvoir une grêle de balles sur les canonniers marins qui se découvraient à leurs coups en servant les pièces. »

La tradition granvillaise n'est pas favorable à Le Carpentier. Après avoir mis beaucoup d'activité pour concentrer des troupes et organiser la résistance, il se serait troublé au milieu du feu et aurait cherché à sortir de la ville par le côté où elle n'était pas attaquée. La tradition sur ce point est d'accord avec l'auteur de sa biographie, publiée dans le grand dictionnaire biographique de Michaud[1]. « On sait, dit-il, avec quelle énergie les habitants repoussèrent l'assaut donné aux murailles de Granville; mais, ce que l'on ne sait pas aussi bien, c'est que Le Carpentier, enfermé dans la place, s'y montra d'une couardise extrême; qu'il voulut s'évader par le côté opposé à celui où les Vendéens donnaient l'assaut, et qu'il fut rappelé à son poste par une vingtaine de jeunes gens indignés de sa lâcheté et qui plus tard payèrent bien cher cette témérité après la levée du siége. Le Carpentier fit rechercher ces jeunes gens, et il parlait de les traduire devant une commission militaire comme ayant outragé un représentant du peuple dans l'exercice de ses fonctions; mais ils furent assez heureux pour échapper à ses poursuites. »

C'est sans doute à cette scène que fait allusion Le Carpentier dans son rapport, quand il dit qu'il fut un instant où la confusion menaça de se répandre dans la place.

L'opinion publique ne lui est pas restée non plus favorable, et on cite dans le peuple des traits de lui et des mots de quelques

[1] Cet article est de Georges Duval, qui a soin de dire qu'il habitait le département de la Manche pendant l'administration de Le Carpentier.

canonniers qui semblent faire croire que le courage lui manqua pendant le siége.

Un canonnier venant des remparts, où les servants étaient écharpés sur leurs pièces par un feu terrible de tirailleurs, se serait présenté au milieu d'un conseil de guerre qu'il présidait et aurait dit : « Les camarades se découragent là-bas; il faudrait qu'un chef y parût pour leur remonter le moral. » Le Carpentier, au lieu d'y aller, lui aurait répondu : « Je te fais capitaine, va les encourager toi-même. »

Il s'approchait avec la plus grande circonspection d'une muraille où une batterie faisant feu était exposée aux tirailleurs et reprochait aux hommes de trop se découvrir : « Représentant, lui dit un canonnier marin, ménagez-vous, si cela vous convient, nous ne vous imiterons pas; dans *Royal goudron* on ne connaît d'autre bastingage que la peau du ventre. »

La population était pleine d'élan, les autorités municipales lui donnaient l'exemple; un des agents municipaux, M. Clément des Maisons, fut tué sur les remparts dès le commencement de l'action. Les femmes et les enfants portaient des munitions et des vivres aux batteries sous une grêle de balles.

Les Vendéens, protégés par le feu des tirailleurs cachés dans les maisons du faubourg, essayèrent plusieurs fois de grimper sur les murailles au moyen de baïonnettes placées entre des pierres; mais ils furent toujours repoussés.

Le feu continuait du faubourg et clouait les canonniers sur leurs pièces. Une sortie n'aurait pu avoir de résultat, les Vendéens ayant une armée dix fois plus nombreuse que la garnison granvillaise. On se décida donc, pour les débusquer de leur retraite, à incendier le faubourg. Les boulets rouges et les bombes ne produisant pas l'incendie aussitôt qu'on l'espérait, on trouva quelques hommes intrépides qui, sous la conduite de l'adjudant général Vachot, allèrent y mettre le feu.

« Quelques imprudences dans l'exécution, écrivait Le Carpentier à la Convention, et surtout un vent du sud-est qui soufflait avec violence, firent craindre pour la ville le sort du faubourg. Des torrents de fumée et des tourbillons d'étincelles flottaient au-dessus des remparts, le feu pleuvait sur les toits. La population et la garnison ne mirent pas moins d'activité et de courage à empêcher l'incendie qu'à se défendre. »

Les Vendéens tentèrent une surprise contre la ville. Ils firent le tour par la grève et vinrent essayer d'escalader le Roc; mais ils furent asssaillis par le feu de deux corvettes canonnières venues, au bruit des canons, de Cancale au secours de Granville, et ils perdirent beaucoup de monde dans cette attaque, qui échoua complétement. Ils furent d'autant plus exposés à ce terrible feu qu'au premier moment ils prirent ces canonnières pour des bâtiments de guerre anglais.

Ce dernier échec acheva de décourager les Vendéens; ils reconnurent, mais trop tard, qu'ils n'étaient pas organisés, sans le secours promis par les Anglais, pour prendre une place forte; la longue portée des pièces de siége et de celles de la marine les avait aussi déconcertés.

Ils avaient perdu plus de 1,500 hommes. Les chefs, Perrant, Roger, Moulinier, Villeneuve, Beau-Vollier, étaient dangereusement blessés. Lemaignant, membre du conseil supérieur royaliste, ayant eu le bras emporté, était mort faute de secours.

Le désordre se mit dans l'armée; plusieurs chefs ayant cherché à s'embarquer, non sans doute pour fuir, mais pour aller demander secours aux Anglais et se plaindre de leur absence inconcevable, quand on songe que leurs croiseurs et les gouverneurs de Jersey et de Guernesey avaient dû entendre la canonnade de Granville, que le vent du sud-est portait vers leur île, canonnade qui avait été entendue de Cancale[1], les soldats crurent qu'ils voulaient fuir et méconnurent l'autorité de la Rochejacquelein, qui leur expliquait la cause de son départ.

[1] Les émigrés qui devaient faire partie de l'expédition anglaise entendirent cette canonnade et pressèrent le gouverneur de Jersey d'aller au secours des Vendéens. Le gouverneur prétendit qu'il ne l'entendait pas. Voici en effet ce que nous lisons dans un ouvrage récemment publié par M. Cazin :

« Plusieurs vaisseaux étaient prêts à mettre à la voile à Jersey. Ils devaient arriver au premier coup de canon. L'amiral Moyra, qui les commandait, dit qu'il n'avait rien entendu! Et il n'y a qu'onze lieues de Granville à Jersey! et les émigrés, qui étaient sur sa flotte, comptaient les coups de canon! » (*Journal*

Stofflet ne put les ramener à leur devoir qu'en arrêtant et désarmant les chefs prétendus fugitifs au moment où ils allaient s'embarquer.

L'armée de Sepher et de Tilly ayant dans son sein le représentant Laplanche s'était avancée jusqu'à Bréhal, bourg situé à deux lieues de Granville d'où l'on pouvait voir tout ce qui se passait, Granville étant sur une hauteur qu'on aperçoit de toutes parts. Elle ne dut pas ignorer la déroute des Vendéens. Elle pouvait tomber sur eux et les anéantir. Que faisait cette armée qui a laissé de si mauvais souvenirs dans notre pays par ses habitudes de maraudage et d'indiscipline? Sur l'ordre du représentant, qui s'était fait couvrir par une délibération d'un conseil de guerre, elle se dirigeait vers Cherbourg afin de le mettre à l'abri des Vendéens qu'elle voyait prendre le chemin de la Bretagne, c'est-à-dire une route contraire.

Voici comment Le Carpentier fit connaître à la Convention l'étrange conduite de son collègue : « Le général Sepher et mon collègue Laplanche avaient, par plusieurs raisons, cru devoir se diriger sur Saint-Lô. Leur armée en partit pour se diriger sur Coutances, d'où elle se porta sur Granville. Le lendemain du siége, je reçus de Laplanche la lettre dont suit la copie; elle est datée à trois lieues de Granville, onze heures et demie du matin, le 26 brumaire :

« Mon cher Le Carpentier, je volais à ton secours avec la brave « armée des généraux Sepher et Tilly; elle était dans les disposi- « tions les plus guerrières; le régiment d'Armagnac et les autres « bataillons qui la composaient se seraient signalés à l'envi comme

d'un touriste en basse Normandie, page 144. — Vire, imprimerie de Barbot, 1863.)

Sans doute l'amiral, en faisant le sourd, suivait les instructions de son gouvernement, qui détestait plus la France qu'il n'aimait les Vendéens. En secourant l'armée royaliste, victorieuse dans la dernière campagne, il pouvait terminer la révolution par une restauration.

La continuation de l'anarchie et de la guerre civile qui ruinaient la France allait mieux à ses haines que le rétablissement d'un gouvernement sympathique à l'Angleterre, qui aurait été lié envers elle par la reconnaissance.

« le régiment d'Aunis. J'apprends avec la joie la mieux sentie la « vigoureuse résistance de la garnison et l'abatis considérable qu'elle « a fait des brigands. Vive, mon ami, la République! c'est pour la « faire triompher d'un autre côté que je vais faire rétrograder l'ar- « mée du général Sepher pour la diriger sur Saint-Lô et Caren- « tan, afin de protéger Cherbourg, qui excite la concupiscence « des brigands[1]. J'espère, d'un autre côté, que les armées de « Brest et de Mayence vont se porter sur Avranches, et par ce « moyen la Manche deviendra le tombeau des rebelles. »

« Suivant un conseil de guerre tenu à Rennes, ajoute Le Carpentier, entre les généraux et les représentants du peuple, les deux armées de l'Ouest et des côtes de Brest devaient se réunir à Antrain le 24 brumaire.

« Ces rapprochements faits, il est topographiquement démontré que si les mouvements respectifs eussent été exécutés à temps, les rebelles, resserrés à Avranches dans la partie du nord par la colonne de Sepher et par la garnison de Granville, tandis que les armées de l'Ouest et des côtes de Brest auraient agi de leur côté, eussent été par ces mesures concordantes attaqués avec le plus grand avantage, et, selon toutes les apparences, avec un succès définitif qui nous eût épargné les revers partiels que nous avons eus à éprouver jusqu'à l'entière dispersion de la Vendée. »

Le Carpentier était dans le vrai et n'attachait pas moins d'importance à l'échec de Granville pour les Vendéens qu'il n'en comportait.

Ce siége, plein de désappointements et de mécomptes pour les royalistes, qui causa des révoltes parmi leurs soldats, avait transformé une armée victorieuse en un troupeau d'hommes, de femmes et d'enfants hors d'état de résister à l'attaque d'une armée régulière. Elle se réorganisa pourtant un peu et eut encore des succès à Pontorson et à Dol. Mais, à partir de ce moment, elle n'eut plus que des revers, et, après avoir essuyé une terrible défaite au Mans, elle fut entièrement détruite à Savenay.

[1] Cette brave armée, en continuant de marcher dans cette direction, aurait usé plus de souliers que de cartouches.

On doit considérer le siége de Granville comme un des événements militaires les plus importants de la guerre de Vendée. Tous les désastres des royalistes qui le suivirent et la terminèrent en ont été la conséquence.

Le 28 brumaire, trois jours après la levée du siége, la Convention décréta que Granville et sa garnison avaient bien mérité de la patrie et que désormais cette ville s'appellerait Granville-la-Victoire.

Imprimerie impériale. — 1865.

www.ingramcontent.com/pod-product-compliance
Lightning Source LLC
LaVergne TN
LVHW010256230826
846091LV00007B/2995